Quelques Femmes Françaises

8293-00. — CORBEIL. IMPRIMERIE ÉD. CRÉTÉ.

Quelques

Femmes Françaises

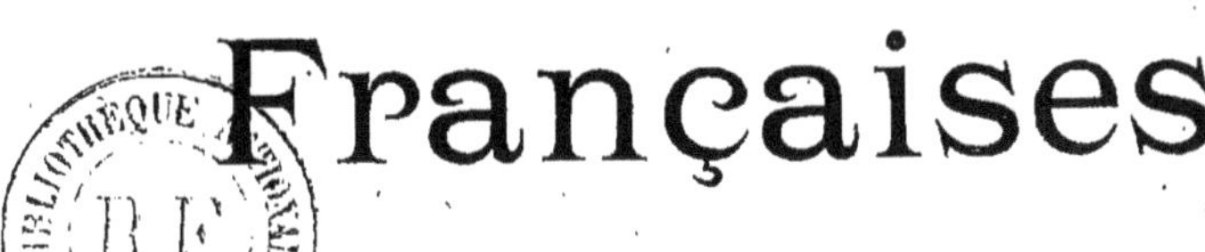

TEXTE

Par ÉTIENNE CHARAVAY

Dessins de CLÉRICE

LIBRAIRIE D'ÉDUCATION DE LA JEUNESSE
7, RUE DES CANETTES, 7
PARIS

TABLE DES MATIÈRES

Les Sœurs Félicité et Théophile de Fernig (1792)

En 1792, vivait à Mortagne, village du département du Nord, dans le canton de Saint-Amand, Louis Fernig, ancien sous-officier de hussards, secrétaire de la municipalité. Il avait quatre filles et un fils. Quand la Convention déclara la patrie en danger, l'enthousiasme patriotique se manifesta surtout parmi les populations de la frontière du Nord, plus directement menacée par l'ennemi. Deux des filles de Fernig, Félicité, née à Mortagne le 10 mai 1770, et Théophile, née à Château-l'Abbaye le 17 juillet 1775, sentirent revivre en elles l'esprit militaire de leur père. Leur éducation avait été, d'ailleurs, plus mâle que féminine. Elles avaient appris, dès leur enfance, à monter à cheval et à manier l'arc et le fusil et étaient préparées au rôle qu'elles allaient jouer. En mai 1792, ces deux jeunes filles de vingt-deux et de dix-sept ans endossèrent un costume aux couleurs nationales et allèrent faire l'exercice avec les volontaires qu'on exerçait au camp de Maulde. Le général Dumouriez les remarqua et se les attacha comme aides de camp. Dès lors, elles ne quittèrent plus l'état-major et devinrent populaires dans l'armée, s'attirant, par leur bravoure et leur conduite, l'admiration, le respect et l'affection de tous. Quand vint l'heure des combats, elles montrèrent le plus grand courage, faisant le coup de feu ou le coup de sabre, toujours au premier rang. A Jemmapes, à Anderlecht et à Neerwinden, elles firent des prodiges de valeur. A Anderlecht, toutes deux mirent en fuite l'arrière-garde ennemie, et Théophile tua de sa main un officier supérieur autrichien qui la sommait de se rendre. A Neerwinden, elles rallièrent nos troupes, enfoncées par les Autrichiens. Un des fuyards menaçant Théophile de sa baïonnette, celle-ci l'arrêta par ces nobles paroles : « Frappe, si tu l'oses, une femme qui te rappelle à l'honneur. » Après l'indigne trahison de Dumouriez, les sœurs Fernig, injustement considérées comme complices du général, se réfugièrent en Belgique. L'aînée, Félicité, épousa un officier belge, M. Vanderwallen, et mourut à Bruxelles le 4 avril 1841 ; elle eut la douleur de voir mourir dans ses bras, le 2 avril 1819, sa sœur Théophile, qui n'avait jamais voulu se marier.

Étienne Charavay.

LES DEMOISELLES DE FERNIG (1792).

Liberté Barrau
(1793)

Les guerres de la Révolution furent fertiles en actes d'héroïsme. Les dangers de la patrie, envahie par les troupes de l'Europe coalisée, provoquèrent un enthousiasme légitime. La Convention appela sous les drapeaux tous les Français en état de porter les armes, et cet appel fut entendu. Les femmes ne se montrèrent pas moins patriotes que les hommes : quelques-unes, adoptant des vêtements masculins, purent, grâce à ce subterfuge, s'enrôler dans les bataillons de volontaires et aller partager les dangers de ceux qui leur étaient chers.

Le second bataillon des volontaires du département du Tarn, formé le 6 juillet 1792, faisait partie de l'armée des Pyrénées Occidentales, qui défendait notre frontière contre les Espagnols. Dans ses rangs servaient trois grenadiers appartenant à la même famille : Leyrac, sa femme, LIBERTÉ BARRAU, et le frère de celle-ci. Le bataillon est désigné pour enlever une redoute ennemie. Nos braves s'élancent, mais sont accueillis par une grêle de boulets et de balles. Barrau tombe mort et Leyrac reçoit une balle en pleine poitrine. Liberté Barrau, malgré sa douleur, ne quitte pas son poste. Elle court, au milieu de la mitraille, qui semble respecter tant de courage, et entre troisième dans les retranchements espagnols. L'ennemi fuit et le drapeau républicain flotte sur la redoute. Notre héroïne venge son frère et son mari en abattant des ennemis. On dirait une lionne défendant ses petits. « Enfin, dit l'historien Victor Jeanvrot, le bataillon s'arrête et le champ de bataille ne retentit plus que des cris : Victoire! Vive la République! Alors Liberté Barrau, redevenue femme, se précipite du côté où est tombé son époux ; elle a le bonheur de le retrouver vivant, elle panse ses plaies, l'emporte dans ses bras jusqu'à l'ambulance, où elle lui prodigue tous les soins et les secours que lui inspire sa tendresse conjugale. »

Si nous avons choisi ce trait d'héroïsme féminin entre tous, c'est qu'il nous a semblé typique. Liberté Barrau, qui n'avait pas voulu laisser son mari seul affronter les dangers de la guerre, montre sur le champ de bataille toutes les qualités d'un grenadier républicain, mais, après le combat, elle redevient femme et épouse, et elle va disputer à la mort par ses soins délicats celui qu'elle a vu tomber vaillamment à ses côtés.

ÉTIENNE CHARAVAY.

LIBERTÉ BARRAU (1793).

Madame Roland

(1754-1793)

Reportons-nous par la pensée au mois d'avril 1792. Nous sommes dans le cabinet du ministre de l'Intérieur. Plusieurs personnes discutent entre elles, et c'est une femme, assise dans un fauteuil adossé à une cheminée, près d'une table, qui tient la parole. Cette femme, c'est l'épouse du ministre lui-même, l'austère et vertueux Roland, dont elle est l'inspiratrice. Les interlocuteurs sont Roland et quelques-uns de ses amis, députés à l'Assemblée législative, membres du fameux parti de la Gironde, qui allait renverser la royauté et fonder la République. Ils viennent prendre le mot d'ordre et écoutent avec respect les conseils du ministre, qui ont d'autant plus d'autorité que c'est sa femme qui les donne.

Manon-Jeanne Phlipon avait alors trente-huit ans, étant née à Paris le 17 mars 1754. C'était un esprit supérieur, une âme ardente, sa jeunesse s'était écoulée dans la lecture et la méditation, et elle entra dans la vie, armée d'une forte éducation. A vingt-cinq ans, elle épousa le Lyonnais Roland, économiste et philosophe distingué, qui avait vingt ans de plus qu'elle. Cette union fut heureuse ; Roland trouva dans Jeanne Phlipon une véritable compagne, qui l'aida dans ses travaux et le soutint dans les luttes de la vie. Elle lui servait de secrétaire, non seulement matériel, mais intellectuel, et Roland lui dut sa fortune politique et le renom qu'il a laissé dans l'histoire. Mme Roland écrivait d'ailleurs avec un rare talent ; sa correspondance et ses *Mémoires* en témoignent, et c'est plaisir et profit que de les lire. La Révolution ne pouvait qu'enthousiasmer l'esprit généreux de cette femme, qui rêvait le bonheur du genre humain ; Mme Roland se jeta avec ardeur dans la lutte ; elle fut l'âme du parti de la Gironde. Ce n'est pas le lieu de rappeler ici son rôle ; il suffira de dire qu'au milieu de ces grands événements, elle conserva la noblesse et la sérénité de son esprit. Elle mourut stoïquement, victime des vengeances politiques, et disant avec douceur : « Je vais mourir pour la patrie et pour la liberté ; n'est-ce pas ce que nous avons toujours demandé ? »

Étienne Charavay.

MADAME ROLAND (1754-1793).

Madame Campan
(1752-1822)

Jeanne-Louise-Henriette Genet, née à Paris le 6 octobre 1752, était la fille d'un premier commis au ministère des Affaires étrangères. Son éducation fut très soignée. Le célèbre Albanèse lui donna des leçons de chant et Carlo Goldoni lui enseigna l'italien. Elle apprit aussi l'anglais. En même temps on l'exerçait à l'art de bien lire; la jeune Henriette y réussissait si parfaitement que les académiciens Duclos, Marmontel et Thomas se plaisaient à lui faire réciter des scènes de Racine. Le bruit de ses succès parvint jusqu'à la cour et on lui donna la place de lectrice de Mesdames, filles de Louis XV. Elle avait quinze ans quand elle alla habiter le château de Versailles. Elle exerça ses nouvelles fonctions à la satisfaction des princesses. Elle s'attacha surtout à Mme Victoire, qui était bonne et douce et la traitait maternellement. Aussi passait-elle des journées entières à lire auprès de sa maîtresse, qui l'écoutait en travaillant à des ouvrages d'agrément. C'est là qu'elle connut la future reine Marie-Antoinette, qui la prit comme femme de chambre, dès qu'elle eut épousé M. Campan, fils d'un secrétaire du cabinet de la reine.

Mme Campan remplit ses fonctions auprès de Marie-Antoinette avec dévouement. La Révolution lui ayant enlevé sa place et sa fortune, elle dut fonder, en 1795, à Saint-Germain, une maison d'éducation, qui eut bientôt de nombreuses élèves. Parmi celles-ci était la fille de Joséphine de Beauharnais, Hortense, future reine de Hollande et mère de Napoléon III. Joséphine, devenue impératrice, n'oublia pas la maîtresse de sa fille, et lorsque Napoléon créa des maisons d'éducation pour les filles des membres de la Légion d'honneur, il confia, le 5 septembre 1807, à Mme Campan la direction de celle d'Écouen. C'est là que l'ancienne lectrice de Mesdames exerça, jusqu'en 1815, ses remarquables facultés d'institutrice. La Restauration lui enleva ses fonctions. Mme Campan se retira à Mantes et occupa ses loisirs à rédiger ses *Mémoires*. La perte de son fils, enlevé brusquement à sa tendresse le 26 janvier 1821, hâta sa fin. La douleur détermina chez elle une décomposition du sang qui se révéla par un cancer, et Mme Campan mourut, le 16 mars 1822, à l'âge de soixante-dix ans.

Étienne Charavay.

MADAME CAMPAN (1752-1822)

Sophie Germain *(1776-1831)*

Les sciences exactes n'attirent pas généralement l'attention des femmes, et il est très rare de voir les jeunes filles s'adonner à cette étude. Cependant il faut citer une Parisienne, dont la statue est au nombre de celles qui décorent l'Hôtel de Ville, et dont le nom a été donné à une école de la capitale.

Sophie Germain naquit à Paris le 1er avril 1776. Elle n'avait que treize ans quand par hasard l'*Histoire des mathématiques* du savant lyonnais Montucla lui tomba sous les yeux. Elle y lut le récit de la mort tragique du plus grand géomètre de l'antiquité, Archimède, que ses calculs mathématiques absorbaient à un tel point, qu'il ne s'aperçut pas que les Romains s'étaient emparés de la ville de Syracuse et qu'il se laissa tuer par un soldat à qui il avait crié : « Ne dérange pas mes cercles. » L'enfant fut tellement frappée par ce trait héroïque qu'elle résolut de se livrer à l'étude de la géométrie. En vain, sa famille s'oppose à ce goût extraordinaire chez une jeune fille ; Sophie Germain travaille sans relâche à l'aide d'un traité trouvé dans la bibliothèque de son père, et elle déploie une telle ténacité qu'elle triomphe des résistances des siens et obtient enfin de suivre sa vocation. Sous le nom d'un élève de l'École polytechnique, elle fait parvenir ses observations géométriques à l'illustre Lagrange, qui en apprécie toute la valeur et encourage ses efforts.

Pour pouvoir lire les immortels écrits de Newton et d'Euler, Sophie Germain avait appris seule le latin. Le pseudonyme masculin dont elle avait usé pour envoyer à Lagrange ses premiers travaux lui servit pour correspondre avec le grand mathématicien Gauss. Le hasard lui faisant connaître le sexe de son correspondant, il ne ménagea pas à son élève les témoignages de son admiration. Sophie Germain, s'attaquant aux problèmes les plus ardus, découvrit les lois des vibrations des surfaces élastiques, et le mémoire qu'elle présenta à l'Académie des sciences à ce sujet fut couronné en 1816. Jusqu'à son dernier jour, elle travailla avec la plus grande abnégation, tout entière à la science, son unique passion. Elle donnait en même temps par la dignité de son caractère et par la pratique de toutes les vertus privées un grand exemple à ses contemporains. Elle mourut à Paris le 17 juin 1831, à l'âge de cinquante-cinq ans, laissant un nom justement honoré et une réputation que la postérité a ratifiée.

ÉTIENNE CHARAVAY.

SOPHIE GERMAIN (1776-1831).

Marie-Jeanne Schellinck (1757-1840)

Parmi les femmes qui servirent dans les armées de la République et de l'Empire, Marie-Jeanne Schellinck mérite une mention spéciale.

Née à Gand (Belgique) en 1757, elle avait trente-cinq ans quand elle entra au service de France le 15 avril 1792. Elle fit partie du 2e bataillon belge, formé des patriotes de ce pays qui avaient participé à la révolte contre la domination autrichienne et avaient été proscrits. Marie-Jeanne Schellinck, nommée caporal le 15 juin 1792, fit la célèbre campagne de Belgique et reçut six coups de sabre à la bataille de Jemmapes. Son courage lui valut le grade de sergent le 7 décembre 1793. Elle continua à servir sous les ordres de Jourdan et assista vraisemblablement à l'immortelle victoire de Fleurus. En 1795, elle se battit en Hollande, puis passa à l'armée d'Italie, que commandait Bonaparte, et fut citée à l'ordre du jour à la bataille d'Arcole. Elle tomba aux mains de l'ennemi le 3 mars 1797, fut emmenée prisonnière en Autriche et ne revint en France que le 11 juin 1798. La campagne de Marengo ramena en Italie Marie-Jeanne Schellinck, que nous retrouvons ensuite à l'armée des Côtes de l'Océan en 1804. L'année suivante, elle servit en Allemagne et prit part à l'immortelle bataille d'Austerlitz, où elle fut blessée d'un coup de feu à la cuisse gauche (2 décembre 1805).

Le grade de sous-lieutenant récompensa enfin tant de valeur (9 janvier 1806). Notre héroïne arrosa de son sang ses nouveaux galons à la sanglante bataille d'Iéna, le 13 octobre 1806. Napoléon couronna la carrière de Marie Schellinck par la décoration de la Légion d'honneur, en 1808. En lui remettant la croix, il lui dit : « Madame, je vous fais sept cents francs de pension et chevalier de la Légion d'honneur. Recevez de ma main l'étoile des braves, que vous avez si noblement conquise. » Puis, se tournant vers les officiers, il ajouta : « Messieurs, inclinez-vous respectueusement devant cette femme courageuse, c'est une des gloires de l'Empire. »

Marie-Jeanne Schellinck rentra dans son pays, où elle vécut jusqu'à l'âge de quatre-vingt-trois ans, étant morte à Menin en 1840.

(Extrait des *Héroïnes du travail*, par Gaston Bonnefont ; Paris, Librairie d'éducation de la jeunesse).

MARIE-JEANNE SCHELLINCK (1757-1840).

Madame Vigée-Lebrun (1755-1842)

Parmi les chefs-d'œuvre de la peinture française conservés au Musée du Louvre, qui n'a remarqué le portrait d'une gracieuse jeune femme, coiffée d'un chapeau de paille orné d'une plume et d'une guirlande de fleurs des champs, et tenant à la main une palette ? Cette femme, cette artiste, c'est Élisabeth Vigée-Lebrun, qui se peignit ainsi elle-même, en 1782, au retour d'un voyage dans les Pays-Bas.

Marie-Louise-Élisabeth Vigée, née à Paris le 16 avril 1755, était fille d'un peintre, qui lui inculqua le goût des arts. Elle perdit son père en 1768 et débuta, à l'âge de quinze ans, par un excellent portrait de sa mère. Dès lors, elle s'adonna particulièrement à faire des portraits et obtint une vogue méritée. Elle tenait un atelier où elle enseignait le dessin à de toutes jeunes filles. Un matin, celles-ci organisèrent une balançoire dans l'atelier et elles se livraient à ce jeu, quand Mlle Vigée entra. En vain la jeune maîtresse essaya-t-elle de gronder ses élèves. Elle se souvint qu'elle n'avait que vingt ans et essaya elle-même la balançoire, aux applaudissements des espiègles qui, au lieu d'une sévère maîtresse, trouvaient une compagne de jeu.

En 1776, Mlle Vigée épousa un marchand et amateur de tableaux, nommé Lebrun. Elle peignit la reine Marie-Antoinette, dont elle devint l'amie, et la plupart des personnages de la cour. Sa célébrité était telle que le grand peintre de marines, Joseph Vernet, fit admettre, le 7 juin 1783, Mme Vigée-Lebrun à l'Académie royale de peinture et de sculpture. Lorsque éclata la Révolution, notre artiste quitta la France pour l'Italie, d'où elle alla en Autriche, puis à Saint-Pétersbourg. Elle ne revint à Paris qu'en 1801. Elle continua à peindre et elle évalua elle-même son œuvre à 662 portraits, 15 tableaux et 200 paysages. Une telle fécondité est rare, surtout quand elle s'allie à un talent incontesté. Les tableaux de cette femme illustre ornent la plupart des musées de l'Europe.

Mme Vigée-Lebrun jouit d'une longue vie. Elle mourut à Paris le 30 mars 1842, à l'âge de quatre-vingt-sept ans. Elle a laissé des *Mémoires* très intéressants pour sa biographie et pour l'histoire de son temps.

Étienne Charavay.

MADAME VIGÉE-LEBRUN (1755-1842).

Madame Élisa Lemonnier (1805-1865)

Les écoles professionneles de jeunes filles, connues sous le nom d'écoles Élisa Lemonnier, rendent les plus grands services à la classe ouvrière, et c'est à elles que beaucoup de filles du peuple doivent de gagner leur vie et de tenir un rang honorable et utile dans la société. Il n'est donc que justice de rappeler quelle fut la femme qui créa ces écoles.

Marie-Juliette Grimailh, dite Élisa, née à Sorèze (Tarn) le 24 mars 1805, suivit les cours d'une école communale et se fit remarquer de bonne heure par un goût très vif pour le travail et la lecture. Elle épousa, en 1831, un jeune professeur de philosophie au collège de Sorèze, Charles Lemonnier, et tous deux allèrent habiter Bordeaux où ils vécurent modestement pendant dix années. Tout en s'occupant des soins du ménage, Mme Élisa Lemonnier, qui voyait de près la misère des humbles et qui l'attribuait en partie à l'ignorance des mères de famille, résolut de remédier au mal par la création d'écoles où on fournirait aux filles les moyens de gagner leur vie. Venue à Paris avec son mari, elle mit son idée à exécution en 1848, elle organisa dans le faubourg Saint-Martin un atelier de couture où un grand nombre d'ouvrières vinrent travailler sous sa direction. En 1856, elle fonda la *Société de protection maternelle pour les jeunes filles*, qui devint, le 9 mai 1862, la *Société pour l'enseignement professionnel des femmes*, et enfin, le 1er octobre de cette dernière année, elle créa, rue de la Perle, la première école professionnelle de jeunes filles qui ait existé en France, et qui servit de modèle à toutes les autres. Mme Élisa Lemonnier ouvrit encore trois nouvelles écoles, destinées à préparer les jeunes filles aux divers emplois du commerce et de l'industrie; mais, à ce labeur acharné, sa santé s'altéra; la maladie l'arracha à ses chers travaux, et la créatrice de l'enseignement professionnel des femmes mourut à Paris le 5 juin 1865, à l'âge de soixante ans. Mais son œuvre lui a survécu et s'est développée, et elle a actuellement à sa tête Mlle Julie Toussaint, dont le gouvernement de la République a récompensé le dévouement par la croix de la Légion d'honneur.

Étienne Charavay.

MADAME ÉLISA LEMONNIER (1805-1865).

Madame Pape-Carpantier (1815-1878)

Les salles d'asile sont une des œuvres de bienfaisance les plus utiles qu'ait produites notre siècle. C'est Marie Carpantier, née à la Flèche (Sarthe) le 1er septembre 1815, qui en fut la réformatrice.

Fille d'un maréchal des logis de gendarmerie, tué en 1815 par les chouans, Marie Carpantier fréquenta l'école primaire et montra une rare précocité d'esprit. A quatorze ans, elle s'amusait à faire des vers. Les enfants l'intéressaient au plus haut point. Un jour qu'elle se promenait sur les vieux remparts de la Flèche, elle aperçut un petit garçon que deux de ses camarades, plus âgés et plus forts que lui, maltraitaient. Outrée de cet abus de force, elle se précipita sur eux et leur arracha le pauvre enfant, qu'elle consola ensuite de son mieux. Cet incident décida de sa vocation. En 1835, elle prit la direction d'une salle d'asile à la Flèche, puis, en 1842, elle se rendit au Mans, où M. et Mme Pape l'appelaient, pour leur succéder dans l'école d'asile modèle, qui leur était confiée. Elle ne tarda pas à exposer ses idées réformatrices dans un livre intitulé *Conseils sur la direction des salles d'asile*, qui parut en 1846 et que l'Académie française couronna sur un rapport de Victor Hugo. Cette haute récompense attira l'attention sur Marie Carpantier, que Mme Jules Mallet fit venir à Paris en 1847, pour diriger une école normale fondée par elle dans le quartier Saint-Antoine, rue Neuve-Saint-Paul. La seconde République ne pouvait que s'intéresser au sort de l'enfance. Hippolyte Carnot, ministre de l'Instruction publique, nomma, en avril 1848, Marie Carpantier directrice de l'école normale maternelle. L'année suivante, elle épousa un officier de la garde républicaine, nommé Pape, et elle continua son œuvre avec le plus parfait dévouement. Son école, transportée rue des Ursulines, s'appela désormais *Cours pratique des salles d'asile*. Mme Pape-Carpantier, comme tous ceux qui se consacrent à une idée, fut en proie à la calomnie. Un ministre mal informé la destitua le 1er octobre 1874, mais cette injustice souleva une telle indignation, que trois mois après on fit de nouveau appel à son expérience en lui confiant l'inspection générale des salles d'asile. C'est dans ces fonctions qu'elle mourut aux environs de Paris, à Villiers-le-Bel, le 31 juillet 1878, à l'âge de soixante-trois ans, laissant un nom honoré.

Étienne Charavay.

MADAME PAPE-CARPANTIER (1815-1878)

Madame Rosa Bonheur
(1822-1899)

Le goût des arts est inné chez la femme. A toutes les époques on a vu des femmes cultiver la peinture et la musique, et non sans succès. Pour ne parler que du premier de ces arts, qui ne connaît les beaux pastels de la Vénitienne Rosalba-Carriera et qui n'a admiré au Musée du Louvre les portraits peints par Mme Vigée-Lebrun? Notre siècle est fécond en artistes, et les femmes occupent un rang honorable dans la liste de nos peintres contemporains. La plus célèbre est sans contredit Mme Rosa Bonheur.

Rosine, dite Rosa Bonheur, naquit à Bordeaux le 22 mars 1822, d'un peintre de mérite, Raymond, qui développa chez tous ses enfants le sentiment artistique. Le père était plus riche de talent que d'argent, et la vie était dure à gagner pour la famille. La jeune fille fut donc élevée à la rude école de l'adversité, qui contribua à former son caractère et à développer ses facultés. Raymond Bonheur vint à Paris et mit sa fille en pension, mais il l'en tira bientôt et lui laissa toute liberté de se livrer à son goût pour la peinture. La jeune Rosa montra une énergie et une persévérance qui témoignaient de la force de sa vocation. Elle allait chaque jour surprendre chez les illustres maîtres, dont les tableaux ornent le Musée du Louvre, le secret de leurs procédés artistiques ; puis elle rentrait travailler docilement dans l'atelier de son père. Elle débuta au Salon de 1841 par l'envoi de deux toiles représentant des lapins, des chèvres et des moutons. Le succès qui accueillit ses débuts l'engagea à s'adonner plus particulièrement à reproduire des scènes champêtres et des animaux. Ses œuvres furent de plus en plus appréciées et son nom devint justement célèbre. Les amateurs se disputaient ses tableaux et le Musée du Luxembourg accueillit un de ses chefs-d'œuvre, connu sous le titre du *Labourage nivernais*, et qui a été popularisé par la gravure. En 1853, sa grande toile du *Marché aux chevaux* eut le plus grand succès et, en 1855, à l'Exposition universelle, la *Fenaison en Auvergne* lui valut une médaille de première classe. Enfin, le gouvernement lui accorda, le 10 juin 1865, la croix de la Légion d'honneur. Mme Rosa Bonheur était la première artiste à laquelle on décernât une si haute distinction.

Retirée à By, près de Fontainebleau, elle vécut en contact avec la nature dont elle fut une si fidèle interprète, dans cette admirable forêt qui a inspiré tant de belles œuvres et elle y mourut en 1899.

Étienne Charavay.

MADAME ROSA BONHEUR (1822-1899).

Mademoiselle Juliette Dodu (1870)

En 1870, le bureau télégraphique de Pithiviers, ville du département du Loiret, avait pour directrice Mlle Juliette Dodu, fille d'un chirurgien de marine, née à Saint-Denis, dans l'île de la Réunion, le 15 juin 1850.

Le 20 septembre 1870, les éclaireurs prussiens entrèrent dans Pithiviers. Mlle Juliette Dodu avertit aussitôt la délégation de la Défense nationale à Tours de l'arrivée des Prussiens, puis elle enleva ses appareils et cacha sa pile électrique, afin de ne pas les laisser servir à l'ennemi. Elle put ainsi profiter de ce que le fil télégraphique dirigé sur Orléans n'avait pas été coupé, pour correspondre avec cette ville et donner des renseignements utiles. La bataille d'Orléans, livrée le 8 octobre, débarrassa pendant quelques jours Pithiviers des Allemands, et Mlle Dodu utilisa cette circonstance pour faire établir un fil direct entre Pithiviers et Montargis par Beaune-la-Rolande.

Après la prise d'Orléans, le prince Frédéric-Charles vint réoccuper Pithiviers et il installa dans le bureau télégraphique des employés, munis du matériel de campagne et de rouleaux de fil de fer. Mlle Dodu, parvint à dérober deux rouleaux, que les Allemands ne purent heureusement retrouver. La bataille de Beaune-la-Rolande (28 novembre) brisa son cœur de patriote. L'héroïque jeune fille voulant aider nos soldats vaincus se servit de son appareil Morse et du fil de fer qu'elle avait soigneusement cachés, pour surprendre les dépêches ennemies. Pendant dix-sept nuits, elle se livra à ce dangereux exercice. Elle transmit au corps français, qui était à Gien, un plan d'attaque, qu'elle envoya par trois exprès, dont un seul arriva à destination. Les projets de l'ennemi se trouvèrent ainsi déjoués et notre armée fut sauvée.

Une indiscrétion révéla aux Prussiens cet artifice. Le commandant de place, furieux, ordonna de fusiller immédiatement la coupable. Mlle Juliette Dodu allait subir vaillamment sa peine lorsque le prince Frédéric-Charles, prévenu, gracia cette héroïne, estimant qu'elle avait accompli son devoir de patriote.

Mlle Juliette Dodu a reçu du gouvernement de la République la médaille militaire en 1870 et la croix de la Légion d'honneur en 1878. Ce n'était que la juste récompense de son héroïque conduite.

Etienne Charavay.

MADEMOISELLE JULIETTE DODU (1870).

8295-00. — CORBEIL. IMPRIMERIE ÉD. CRÉTÉ.

www.ingramcontent.com/pod-product-compliance
Ingram Content Group UK Ltd.
Pitfield, Milton Keynes, MK11 3LW, UK
UKHW021518260726
13993UKWH00004B/1750